INSPIRATION Meditation

100 AUSMALMOTIVE FÜR MEHR ENTSPANNUNG UND ACHTSAMKEIT

FARBE REIN, STRESS RAUS

EMF

EIN BUCH DER
EDITION MICHAEL FISCHER

Mit Ausmalbildern zur Ruhe finden

Stille. Sich Zeit nehmen und auf den eigenen Körper hören. Die Gedanken ordnen und die Nervosität des Alltags vergessen. Auch wenn hierfür nur selten Zeit zu sein scheint; bereits in kleinen Situationen finden sich Möglichkeiten, sich zurückzuziehen und ganz bei sich zu sein.

Die fantasievollen Motive dieses Ausmalbuchs nehmen Sie mit auf eine gedankliche Reise, bei der Sie von der alltäglichen Hektik abschalten können und innerlich zur Ruhe kommen. Gönnen Sie sich eine Auszeit und vertiefen Sie sich in das beruhigende Ausmalen der meditativen Figuren. Ohne Druck können Sie zahlreiche Bilder ganz individuell gestalten und vervollständigen. So finden Sie Stück für Stück zu sich selbst und schaffen Raum für Kreativität und positive Gedanken.

Dieses Buch enthält 100 meditative Illustrationen, die zur Entspannung verhelfen. Wählen Sie eine beliebige aus und legen Sie los. Es gibt keine Regeln. Egal, ob mit Filz- oder Buntstift: Lassen Sie sich von der Farbpalette inspirieren und füllen Sie die leeren Flächen mit Leben. Allmählich werden Sie ruhiger und denken nur noch an die Bewegung Ihrer Hand und an die farbenfrohen Zeichnungen, die vor Ihren Augen entstehen.
Dabei lassen die einzelnen Seiten immer wieder Raum, Ihre eigenen Ideen umzusetzen und die verschiedenen Bilder zu vervollständigen. Lassen Sie sich hierbei ganz von Ihrer Stimmung leiten. Wenn Sie mit dem Motiv fertig sind, suchen Sie sich einen ruhigen Ort. Betrachten Sie es, lassen Sie Ihren Gedanken freien Lauf und spüren Sie, wie Sie sich mehr und mehr entspannen.

Bereits 5–10 Minuten Ausmalen pro Tag genügen, um zur Ruhe zu kommen und neue Energie zu schöpfen.

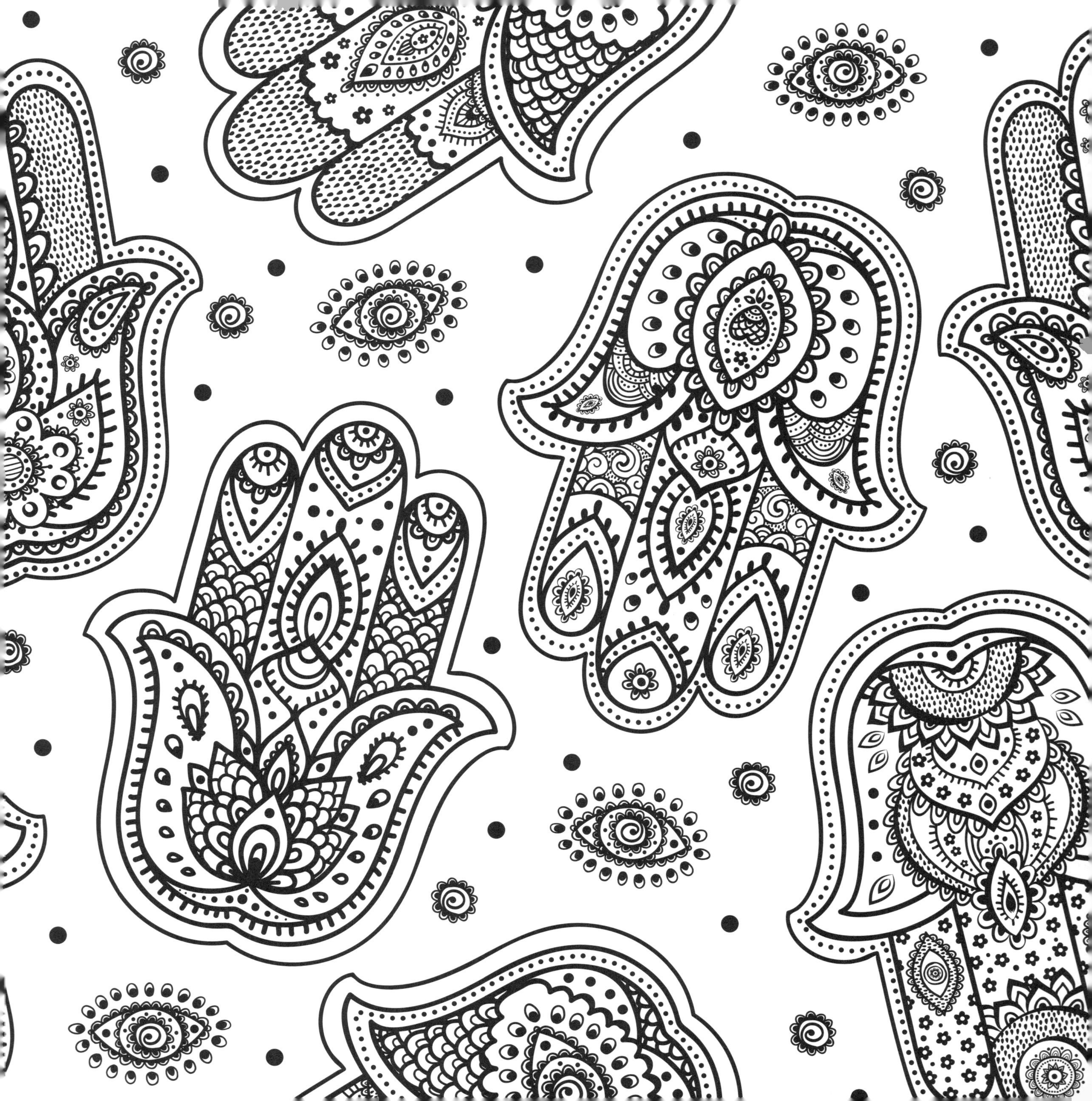

Seien Sie kreativ und lassen Sie die Blumen zu einem zusammenhängenden Bild verwachsen.

Lassen Sie sich inspirieren und füllen Sie die freie Fläche mit vielfältigen Mustern.

Ergänzen Sie die Seite nach Belieben mit weiteren verspielten Mustern.

Die freien Flächen warten darauf, gefüllt zu werden. Gestalten Sie die Seite individuell aus.

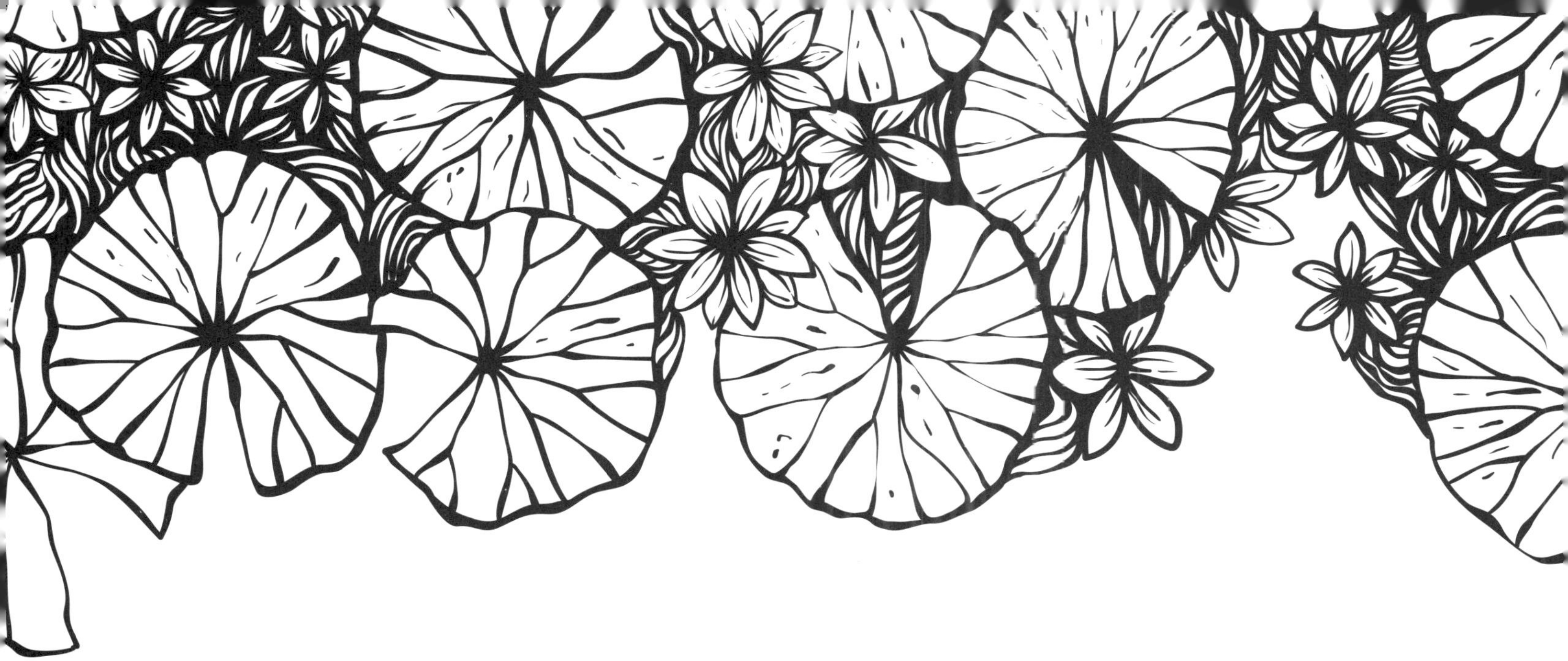

Vervollständigen Sie das Mandala nach Lust und Laune.

Füllen Sie die Kreise mit Ihren Lieblingsmustern und gestalten Sie so die Seite ganz nach Ihrem Geschmack.

Seien Sie kreativ. Gestalten Sie die Doppelseite zu einem zusammenhängenden Bild.

Lassen Sie Ihrer Fantasie freien Lauf und füllen Sie die leeren Steine mit weiteren Mustern.

Lassen Sie sich inspirieren und füllen Sie die leeren Flächen des Mandalas mit verschiedenen Mustern aus.

Bildnachweis:

Umschlag: © Transia Design/Shutterstock, © Nadezhda Molkentin/Shutterstock, © An Vino/Shutterstock, © Julia Snegireva/Shutterstock, © Kroxa/Shutterstock, © Olesia Agudova/Shutterstock, © Nilmerg/Shutterstock; S.1: © Nadezhda Molkentin/Shutterstock, © An Vino/Shutterstock, © Julia Snegireva/Shutterstock; S. 2–3: © Transia Design/Shutterstock, © An Vino/Shutterstock, © Nadezhda Molkentin/Shutterstock, © Zelena/Shutterstock; S. 4–5: © Kroxa/Shutterstock, © malika.1028/Shutterstock, © An Vino/Shutterstock; S. 6: © Jeni Iv/Shutterstock; S. 7: © panki/Shutterstock; S. 8–9: © Nataliia Machula/Shutterstock; S. 10: © Key-Kitty/Shutterstock; S. 11: © IrinaKrivoruchko/Shutterstock; S. 12–13: © L. Kramer/Shutterstock; S. 14: © mashabr/Shutterstock; S. 15: © Gorbash Varvara/Shutterstock; S. 16–17: © Snezh/Shutterstock; S. 18–19: © Transia Design/Shutterstock; S. 20: © An Vino/Shutterstock; S. 21: © Zelena/Shutterstock; S. 22–23: © tets/Shutterstock; S. 24–25: © karakotsya/Shutterstock; S. 26: © Curly Pat/Shutterstock; S. 27–29: © Zelena/Shutterstock; S. 30: © karakotsya/Shutterstock; S. 31: © Galina Shpak/Shutterstock; S. 32–33: © Snezh/Shutterstock; S. 34–35: © abbilder/Shutterstock; S. 36: © Nadezhda Molkentin/Shutterstock; S. 37: © Katika/Shutterstock; S. 38–39: © PinkPueblo/Shutterstock, © An Vino/Shutterstock; S. 40–41: © Ira Mukti/Shutterstock; S. 42–43: © RedKoala/Shutterstock; S. 44–45: © Snezh/Shutterstock; S. 46–47: © An Vino/Shutterstock; S. 48–49: © Art-and-Fashion/Shutterstock; S. 50–51 © Chantall/Shutterstock; S. 52–53: © An Vino/Shutterstock; S. 54: © IrinaKrivoruchko/Shutterstock; S. 55 © Snezh/Shutterstock; S. 56–57: © PinkPueblo/Shutterstock, © Maroshka/Shutterstock, © An Vino/Shutterstock; S. 58: © Nilmerg/Shutterstock; S. 59: © Koritsia/Shutterstock; S. 60: © Galina Shpak/Shutterstock; S. 61: © IrinaKrivoruchko/Shutterstock; S. 62–63: © Snezh/Shutterstock; S. 64–65: © An Vino/Shutterstock; S. 66–67: © abdrashitova svetlana/Shutterstock; S. 68: © Kroxa/Shutterstock; S. 69: © Imagepluss/Shutterstock; S. 70–71: © Olesia Agudova/Shutterstock; S. 72–73: © IrinaKrivoruchko/Shutterstock; S. 74–75: © Gorbash Varvara/Shutterstock; S. 76–77: © ShabbyPie/Shutterstock; S. 78–79: © Shpak Anton/Shutterstock; S. 80–81: © totallyPic.com/Shutterstock; S. 82–83: © AlinaAme/Shutterstock, © Transia Design/Shutterstock; S. 84: © Transia Design/Shutterstock; S. 85: © Real Illusion/Shutterstock; S. 86–87: © Snezh/Shutterstock; S. 88–89: © Julia Snegireva/Shutterstock; S. 90–91: © L. Kramer/Shutterstock; S. 92: © Nadezhda Molkentin/Shutterstock; S. 93: © An Vino/Shutterstock; S. 94–95: © IrinaKrivoruchko/Shutterstock; S. 96–97: © Transia Design/Shutterstock; S. 98–99: © IrinaKrivoruchko/Shutterstock; S. 100–101: © Snezh/Shutterstock; S. 102: © An Vino/Shutterstock; S. 103: © Galina Shpak/Shutterstock; S. 104–105: © photo-nuke/Shutterstock; S. 106–107: © sliplee/Shutterstock; S. 108–109: © OlichO/Shutterstock; S. 110: © Kroxa/Shutterstock; S. 111: © Zelena/Shutterstock; S. 112–113: © Kozyrina Olga/Shutterstock; S. 114: © Helga Pataki/Shutterstock; S. 115: © Kseniya Parkhimchyk/Shutterstock; S. 116–117: © ivector/Shutterstock; S. 118: © Olesia Agudova/Shutterstock; S. 119: © abdrashitova svetlana/Shutterstock; S. 120–121: © Kulik Oksana/Shutterstock; S. 122–123: © Nilmerg/Shutterstock; S. 124–125: © Snezh/Shutterstock; S. 126–127: © Citybird/Shutterstock; S. 128: © lolya1988/Shutterstock.

Das Ausmal-Plakat

FARBE REIN STRESS RAUS